nickelodeon

Bienvenue chez les Loud

Sauvetage de grenouilles

Adaptation : Olivier Gay.
Création graphique du roman : Le chalet graphique.
Hachette Livre, 58, rue Jean-Bleuzen, 92178 Vanves Cedex.

nickelodeon
BIENVENUE
CHEZ LES
LOUD
Sauvetage de grenouilles
hachette
JEUNESSE

LINCOLN

Dans la famille Loud, il y a toujours de l'ambiance. Il faut dire qu'avec onze enfants, on ne s'ennuie jamais. À 11 ans, Lincoln est le **seul garçon**. Et pour survivre à ses dix sœurs, autant avoir un plan et rester zen !

11 ans

LORI

Lori est l'aînée de la fratrie et la **chef** auto-proclamée. Son portable à la main, elle passe son temps à appeler Bobby, son petit ami.

17 ans

LENI

Naïve et tête en l'air,
Leni est toujours
à la pointe de la **mode**.
Elle dessine et coud
des tenues hyper stylées !

16 ans

LUNA

Luna, la **rock star**,
adore parler en chantant
et jouer de la guitare,
son instrument préféré.
Avec elle, difficile d'avoir
un peu de calme.

15 ans

LUAN

Comédienne dans l'âme, Luan est un vrai petit **clown**. Elle raconte sans arrêt des blagues et adore faire rire son frère et ses sœurs.

14 ans

LYNN

Pour Lynn, il n'y a rien de mieux que le **sport**. Plus elle peut se dépenser, plus elle s'amuse !

13 ans

LUCY

À 8 ans, Lucy ne parle que de choses tristes et effrayantes. Avec son look **gothique**, elle fait peur à Lincoln, qui ne la voit souvent qu'au dernier moment.

8 ans

LANA

La jumelle de Lola est son parfait opposé ! Elle aime fouiller les poubelles pour y trouver des choses **sales** et dégoûtantes.

6 ans

LOLA

Lola se prend pour une vraie **princesse** ! Seuls le rose et les paillettes trouvent grâce à ses yeux.
Très maligne, elle obtient souvent ce qu'elle veut.

6 ans

LISA

Du haut de ses 4 ans, Lisa est la plus **intelligente** de la famille.
Cachée derrière ses grosses lunettes, elle a réponse à tout !

4 ans

LILY

Le petit **bébé** des Loud est la chouchoute de toute la famille. Surnommée affectueusement « la machine à popo », Lily cherche par tous les moyens à se débarrasser de sa couche sale !

15 mois

CLYDE

Fils unique, Clyde adorerait avoir plein de sœurs. Toujours fourré chez Lincoln, son **meilleur ami**, il est fou amoureux de Lori.

11 ans

La dissection

Tu connais sûrement Lincoln, ce garçon qui vit dans une grande maison avec ses dix sœurs. Tu as peut-être même suivi toutes ses aventures !

Mais cette histoire n'est pas comme les autres. Cette fois-ci, elle commence en classe. Eh oui, Lincoln va à l'école, lui aussi !

– Très bien, les enfants, annonce Mme Johnson, l'institutrice. Demain, pour notre dernier cours de biologie, un projet un peu particulier nous attend. Nous allons disséquer des grenouilles !

Tout excitée, elle présente à la classe le schéma d'un batracien ouvert en deux. L'image est atroce !

On peut voir les poumons, les intestins, le tube digestif ou encore la vessie…

– Waouh ! Génial ! s'écrient les élèves, impressionnés.

Au troisième rang, Lincoln est ravi. Voilà qui va changer des cours de mathématiques ou de français. Il a toujours adoré apprendre des choses – lorsque les choses en question sont intéressantes !

– Préparez-vous pour… le grand saut ! continue Mme Johnson.

Elle rit toute seule : après tout, les grenouilles font des bonds, elles aussi. Mais sa plaisanterie est du même niveau que celles de Luan Loud, c'est-à-dire pas très élevé, et aucun élève ne réagit.

– Vraiment ? Personne ? marmonne Mme Johnson, déçue que sa blague n'ait pas eu le succès espéré.

– Disséquer des grenouilles, s'exclame Lincoln, ça a l'air…

– … horrible, complète Lana lorsque son frère rentre à la maison. Tu ne peux pas faire ça !

La petite fille de six ans adore tout ce qui est collant, gluant ou salissant. Cela inclut la cuvette des toilettes, les flaques de boue… et les amphibiens.

– Ce ne sont que des grenouilles, Lana, proteste Lincoln. Où est le problème ?

– Je vais te montrer où est le problème, répond-elle, furieuse.

Elle l'attrape par les cheveux et l'entraîne dans sa chambre.

– Aïe ! Ouille ! gémit Lincoln.

À peine est-il entré qu'elle lui met une vieille caméra entre les mains.

– Regarde cette vidéo que j'ai faite sur Sauteur, ordonne-t-elle.

Sauteur, c'est sa grenouille apprivoisée. D'ailleurs, elle vient de bondir sur l'épaule de Lana et observe Lincoln comme si c'était un criminel.

En soupirant, le garçon se plonge dans la vidéo.

« Sauteur, une vie pleine de rebonds ! » annonce le titre.

Le film montre Lana en train de nager dans une mare, dissimulée sous un nénuphar. Elle jette un coup d'œil à gauche… à droite… La voie est libre !

– Je n'oublierai JAMAIS le jour où j'ai rencontré mon MEILLEUR ami, déclare Lana en voix off.

Lorsqu'elle sort la tête de la mare, un jet d'eau la frappe en plein visage.

C'est Sauteur, qui lui a craché dessus ! En guise de réponse, Lana lui projette de la vase au visage à son tour. Les deux nouveaux amis éclatent de rire : pas besoin de pistolet à eau quand on a une bouche !

– Tu es la meilleure des grenouilles ! lance Lana. Bon, moi, il faut que j'y aille, ajoute-t-elle. Papa fait du pain de viande, ce soir. Merci pour cette super journée !

Elle commence à sortir de l'eau, mais la grenouille la suit avec de grands yeux implorants.

– Oh, tu es tout seul, hein, p'tit gars ? comprend soudain Lana. Tu veux venir vivre avec moi ?

En guise de réponse, l'animal bondit dans la salopette de la jeune fille et s'y installe confortablement, comme un petit kangourou.

– Je vais t'appeler Sauteur ! décide alors Lana.

– Depuis ce jour, reprend la voix off, on est quasiment INSÉPARABLES.

La vidéo montre deux bols de céréales le matin. Des bols qui ressemblent à ceux de n'importe quel enfant de la famille Loud, et pourtant…

– On prend tous nos repas ensemble, continue Lana. Sauteur aime ses criquets avec des pépites de chocolat, mais moi, je les préfère nature.

Beurk, des criquets !

– On joue ensemble…

Dans la vidéo, Sauteur et Lana font de la corde à sauter l'un à côté de l'autre. Bien sûr, avec ses bonds de grenouille, Sauteur se débrouille comme un chef !

– On a même fait les photos de classe ensemble !

L'image montre la photographe scolaire en train d'immortaliser le portrait de Lana :

– Bien, les enfants, souriez. Trois… deux… un… Ouistiti !

Au dernier moment, Sauteur jaillit de la salopette de Lana pour venir se poser sur sa tête. Voilà une photo originale !

La vidéo se termine alors que la jeune fille va se coucher. Elle fait un gros bisou à sa grenouille avant de la mettre dans le vivarium.

– Bonne nuit à toi, mon pote ! déclare-t-elle.

– Je ne sais pas à quoi ressemblerait ma vie sans mon MEILLEUR ami Sauteur, conclut la vidéo, tandis que la grenouille s'échappe de son bocal pour venir se blottir tout contre Lana.

Sauvons les grenouilles !

Lincoln repose la caméra, des larmes plein les yeux.

– C'est la plus belle chose que j'aie vue de toute ma vie, renifle-t-il.

Dans les bras de Lana, Sauteur projette sa langue et attrape une boîte de mouchoirs sur la table de chevet pour que le garçon puisse se moucher.

– Tu vois, Lincoln ? explique la jeune fille. Les grenouilles sont beaucoup plus chaleureuses qu'elles n'en ont l'air. Alors, s'il te plaît, ne les dissèque pas.

– D'accord, accepte Lincoln, très touché.

Puis il sourit et ajoute :

– D'ailleurs, personne ne le fera !

– De quoi tu parles ? s'étonne Lana.

– On part en mission de sauvetage !

Il tend le poing pour le frapper contre celui de sa sœur.

– N'oublie pas Sauteur ! déclare celle-ci.

La grenouille tire la langue et Lincoln tope à son tour.

Ça va être une aventure incroyable. Mission « Sauvetage des grenouilles » ENCLENCHÉE !

Le lendemain matin, à l'école, Mme Johnson est toujours aussi excitée par les travaux pratiques.

Elle a dessiné l'anatomie d'une grenouille au tableau et a écrit toute une série d'instructions :

Commencez par vous laver les mains.

Mesurez deux fois.

Coupez une fois.

Portez vos lunettes de protection.

– Bien, les enfants, après le déjeuner, nous allons faire un *saut* dans le monde de la dissection, annonce-t-elle joyeusement.

Elle attend une réaction et soupire lorsque personne ne réagit.

– Allez, un peu de nerf, il y a de quoi rire, là, quand même !

Lorsque la cloche sonne, tout le monde sort de la classe, et l'institutrice donne un tour de clé derrière elle. Elle est loin de se douter qu'au coin du couloir, Lincoln observe ses moindres faits et gestes !

Il attend que la maîtresse disparaisse, puis sort son talkie-walkie :

– Lana, où es-tu ? appelle-t-il.

Aussitôt, sa sœur jaillit de la poubelle derrière lui, une peau de banane sur la tête.

– Oh, bonne idée de cachette ! admire Lincoln.

– De quoi tu parles ? proteste Lana. Sauteur et moi, on fait juste notre pause déjeuner.

Décidément, elle adore vraiment tout ce qui est dégoûtant. Lincoln choisit de ne pas relever et indique la porte du doigt.

– Allons-y !

Lana n'aime pas *que* la saleté, c'est aussi une bricoleuse très douée (peut-être parce que ça lui permet de se mettre de l'huile sur le visage). Elle sort plusieurs passe-partout et commence à crocheter la porte. Mais elle se redresse rapidement, l'air sombre :

– On a un problème. C'est une serrure de surface avec un mécanisme de verrouillage à gorge.

– Je n'ai rien compris, tu peux répéter en français, s'il te plaît ? demande Lincoln.

– Euh, il faut trouver un autre moyen d'entrer, simplifie Lana.

Pas de problème, Lincoln a l'habitude des plans qui ne fonctionnent pas du premier coup. À vrai dire, ça ne marche *jamais* comme il le souhaiterait, il sait donc s'adapter.

Deuxième tentative : les conduits d'aération, comme dans les films. Lincoln, Lana et Sauteur se faufilent à l'intérieur pour atteindre la classe. Ils avancent longtemps à la queue leu leu, puis arrivent enfin devant une petite trappe. Ils enlèvent la grille et Lana enroule une corde autour de sa taille. Comme ça, Lincoln pourra la remonter discrètement !

La jeune fille saute à l'intérieur et se balance dans le vide… juste au-dessus de la tête du proviseur de l'école.

– M. Huggins ! s'affole Lincoln. On s'est trompés ! On s'est trompés !

Il tire de toutes ses forces sur la corde pour sauver sa sœur, mais il n'a jamais été très costaud et, malgré ses efforts, il ne parvient pas à la remonter.

Au contraire, la voilà qui descend de plus en plus vers le crâne chauve du proviseur. Elle descend, elle descend, elle va le toucher…

Au dernier moment, Sauteur accroche sa langue au plafond et se projette dans les airs avec Lana. Ouf, les voilà sains et saufs !

– Bien joué, Sauteur ! halète Lincoln, à bout de forces.

Cette fois-ci, il tope spontanément la grenouille avec son poing, avant de repartir dans les conduits.

Liberté !

Puisqu'il ne peut pas passer par les conduits d'aération, Lincoln utilisera les égouts. Cette fois-ci, il parvient à trouver le bon endroit : il soulève une trappe et réussit à se glisser dans la salle de classe. Aussitôt, Lana se précipite vers le vivarium où sont entassés tous les batraciens, les uns sur les autres.

– Ça va, mes petites grenouilles ? s'écrie-t-elle. On est venus vous sauver !

Lincoln s'empare du vivarium avec difficulté et se retourne vers la trappe.

– Allez, on y va ! déclare-t-il.

Mais un bruit sourd l'interrompt : quelqu'un est en train de s'acharner sur la poignée de la porte. La pause

de midi n'est pas encore terminée, Mme Johnson a peut-être oublié quelque chose à l'intérieur. La poisse !

Les enfants doivent fuir, vite, avant de se faire repérer.

Trop tard… la porte s'ouvre !

Lorsque la maîtresse entre dans la classe, elle pousse un cri d'horreur : le vivarium a disparu, la table est renversée et il ne reste plus qu'une flaque à la place des amphibiens.

– Mes grenouilles ! gémit-elle.

Elle se précipite vers la fenêtre grande ouverte et regarde dehors, mais elle ne voit personne.

– M. Huggins ! M. Huggins ! hurle-t-elle en retournant dans le couloir.

Comment Lincoln et Lana ont-ils fait pour s'enfuir aussi vite, surtout avec un vivarium aussi lourd dans les bras ?

Eh bien, ils ne se sont pas enfuis du tout ! Ils ont juste eu le temps d'ouvrir la fenêtre pour faire croire qu'ils s'étaient échappés, puis ils se sont cachés derrière le bureau.

Convaincue que le coupable avait déjà disparu, la maîtresse n'a pas fouillé la salle de classe !

– Waouh, admet Lincoln, l'idée de la fenêtre ouverte, c'était brillant !

– Quoi, tu crois que c'est la première fois que je sauve un animal ? réplique Lana, contente de son coup.

Maintenant que la maîtresse n'est plus là, ils passent *vraiment* par la fenêtre pour se rendre à l'étang le plus proche. C'est là que Lana a rencontré Sauteur pour la première fois, les grenouilles seront donc heureuses, ici !

– Soyez libres, mes amis amphibiens ! Soyez libres ! déclare Lincoln d'un air dramatique.

À côté de lui, Sauteur bondit sur place pour encourager ses compagnons.

– Bonne chance, les grenouilles, ajoute Lana en vidant le vivarium sur les berges. Je vous souhaite une belle vie !

Mais au lieu de plonger dans la mare, les batraciens restent collés les uns contre les autres dans la position où ils sont tombés. Certains sont sur le dos, d'autres sur le ventre, et ils ne font pas le moindre effort pour se tourner. Ils regardent les enfants avec de grands yeux innocents, incapables de comprendre ce qui se passe.

Malheureusement, dans le ciel, des oiseaux planent de manière menaçante. Des grenouilles, ce serait un véritable festin pour eux !

– Euh, vous devriez peut-être bouger de là, observe Lincoln.

D'un autre côté, la mare n'est pas tellement plus sûre : des tortues sortent la tête de l'eau, attirées par ce repas gratuit…

– Sérieusement, allez ! insiste Lana en poussant les batraciens, qui ne semblent pas décidés à se déplacer.

Dans les fourrés, un serpent se dresse, affamé, et fait siffler sa sonnette, mais les grenouilles ne s'en rendent toujours pas compte. Elles restent immobiles, un grand sourire aux lèvres, comme si elles n'avaient pas conscience du danger.

– Si vous ne voulez pas servir de menu du jour, bougez ! gronde Lincoln, avant de se tourner vers sa sœur : pourquoi est-ce qu'elles ne bougent pas, à ton avis ?

– Elles ne savent peut-être pas survivre dans la nature, marmonne Lana.

En effet, les animaux qui n'ont connu que la captivité ne sont parfois pas capables de se débrouiller tout seuls. C'est pour cela qu'il est toujours difficile de relâcher les animaux d'un zoo, par exemple. Et les grenouilles ont beaucoup de prédateurs qui n'ont qu'une seule envie : les dévorer sur place !

Les réflexions de Lana sont interrompues par un serpent qui gobe tout rond l'une des grenouilles ! Aussitôt, elle attrape l'animal par la queue et le frappe contre le sol pour qu'il recrache son repas.

– Hé, toi ! Pas cool ! le sermonne la petite fille.

Elle a toujours bien aimé les serpents aussi, mais elle ne va quand même pas permettre à celui-ci de manger ses petites protégées !

– Lincoln, on ne peut pas les laisser ici, comprend-elle.

– Tu as raison, admet son frère en remettant les grenouilles dans le vivarium. On va les garder à la maison tant qu'on n'a pas un meilleur plan.

C'est une bonne idée : à côté d'eux, un raton laveur sort des buissons et se pourlèche les babines en regardant les pauvres batraciens.

Comme c'est un animal civilisé, il noue une serviette autour de son cou et sort des couverts pour entamer son repas…

– Ce n'est même pas la peine d'y penser ! le gronde Lana en approchant sa tête de la sienne.

Elle a l'air tellement terrifiante qu'il prend ses pattes à son cou…

De retour à la maison, Lincoln installe le vivarium sur la table de chevet de sa sœur.

– Elles sont en sécurité, ici, déclare-t-il. Dépêche-toi, Lana, il faut retourner à l'école. La pause déjeuner va se terminer.

Lana dépose sa grenouille sur le lit et la regarde avec amour :

– Bon, Sauteur, garde un œil sur elles pendant notre absence, lui demande-t-elle.

Son ami lui adresse un salut militaire, prêt à remplir son devoir.

Les batraciens sont désormais seuls dans la maison. Que pourrait-il bien arriver de mal ?

Alerte !

Lincoln court sur le chemin du retour et regagne son bureau juste à temps pour la reprise.

– Ouf ! murmure-t-il.

Il ne reste plus qu'à faire comme si de rien n'était pendant l'après-midi. Le soir, après les cours, il pourra rentrer chez lui et réfléchir à une solution plus efficace pour les batraciens.

Peut-être parviendra-t-il à leur apprendre petit à petit à vivre dans la nature ?

Mais ce n'est pas sa maîtresse qui arrive en classe… c'est le proviseur !

– Bonjour tout le monde, déclare froidement M. Huggins. Mme Johnson vient de m'informer que les grenouilles ont disparu. Est-ce que quelqu'un

sait quelque chose à ce sujet ?

Terrorisé, Lincoln baisse la tête devant le regard perçant du proviseur.

– Bien, reprend M. Huggins. Je suis dans le métier depuis un petit bout de temps et je crois savoir ce qui s'est passé. L'un d'entre vous voulait jouer les héros et sauver ces pauvres créatures, et les grenouilles lui auraient érigé une statue en signe de reconnaissance.

En effet, il a tout de suite compris la situation. Lincoln ne peut s'empêcher de garder les yeux baissés.

– Bon, qui est le héros des grenouilles ? insiste M. Huggins.

Il approche son visage tout près de celui de Lincoln, qui transpire à grosses gouttes.

– Est-ce que c'est toi ?

– Euh… euh… non, ce n'est pas moi, monsieur, bredouille le garçon. Je ne suis pas un héros.

Heureusement, M. Huggins se détourne de lui.

– Très bien, personne ne veut avouer. Je pourrais laisser couler ou… PAS !

Jusqu'ici, il était resté très calme, mais il se met soudain à hurler :

– Je trouverai le coupable moi-même, en allant fouiller chacune de vos maisons après l'école. Tenez-vous prêts, Huggins va arriver !

Décidément, il prend cette histoire bien à cœur. Caché derrière son bureau, Lincoln est épouvanté…

À la fin de l'école, le garçon se précipite dans la cour :

– Lana ! appelle-t-il.

Personne ne répond. Où se trouve sa sœur ?

Soudain, il a une idée :

– Attendez, c'est pile l'heure du goûter…

Sûr de lui, il se penche sur le container de poubelles. Lana est bien là, au milieu des déchets, en train de mâcher un vieux chewing-gum qui était collé à la paroi. Décidément, elle ne changera jamais !

– Hé, Lincoln, tu en veux ? demande-t-elle.

– Beurk ! grimace le garçon. Tu viens ? Il faut qu'on rentre cacher ces grenouilles, vite !

Le frère et la sœur courent jusque chez eux mais, en chemin, ils aperçoivent le proviseur en train de se garer devant la maison de l'un des camarades de Lincoln.

– Ouvre, Dombrowski ! ordonne M. Huggins. C'est l'inspection !

Il va mettre ses menaces à exécution et rendre visite à chaque enfant, un par un…

Catastrophés, Lincoln et Lana se faufilent dans son dos et accélèrent encore leur course.

– On n'a qu'à cacher les grenouilles dans le garage, c'est trop fastoche ! s'écrie Lincoln en ouvrant la porte.

Mais le spectacle qui l'attend lui fait perdre le sourire : les grenouilles se sont échappées et elles remplissent désormais toute la maison ! Certaines coassent sur la table du salon, d'autres sur le canapé ou l'escalier. Elles ont l'air tout à fait à leur aise.

– Pas si fastoche que ça, gémit Lana. Sauteur, comment les grenouilles ont fait pour sortir ?

En guise de réponse, son batracien affiche un sourire hypocrite… C'est sûrement lui qui a aidé ses camarades ! Bon, peut-être que ce n'était pas une super idée de lui confier la surveillance de ses congénères dans une maison vide.

Mais ce n'est pas le moment de se fâcher, M. Huggins peut arriver d'une minute à l'autre… Il est temps de passer à l'action.

Lincoln utilise la crosse de hockey de sa sœur Lynn et récupère une à une les grenouilles. Il les projette contre un oreiller qui amortit leur chute et les fait tomber dans un panier. De son côté, Lana préfère la méthode industrielle : elle conduit la petite voiture de sa sœur jumelle Lola, sur laquelle elle a accroché une pelle. Grâce à cela, elle ramasse les grenouilles par paquet !

– Il y en a dix, compte Lola en versant le produit de leur chasse dans le vivarium. Plus que quarante !

Malheureusement, M. Huggins tambourine déjà à leur porte :

– Ouvre, Loud ! crie-t-il. C'est l'heure de l'inspection !

Ce serait trop louche de ne pas répondre. Désespéré, Lincoln est obligé d'ouvrir la porte, et le proviseur entre dans le salon, l'air sombre.

– Bonjour, les enfants, grogne-t-il avant d'ajouter : Bon, je ne vois aucune grenouille ici. Je devrais peut-être y aller…

Lincoln et Lana se regardent, incapables de croire en leur chance.

– … ou PAS ! complète M. Huggins en continuant de regarder autour de lui.

Il sait que Lincoln a l'habitude de faire des bêtises, et il ne repartira pas avant d'avoir fouillé la maison de fond en comble. Comment faire pour dissimuler toutes les fugitives à son regard acéré ?

Il est en train d'observer le salon lorsque Lincoln aperçoit trois grenouilles au pied du canapé. Catastrophe !

– Laissez-moi prendre votre veste ! s'écrie Lincoln en se précipitant sur le proviseur.

Il lui arrache son haut de costume et le lance sur les animaux pour les recouvrir.

– Oui, jette-la n'importe où, je t'en prie, rugit le proviseur, furieux.

Heureusement, il n'a pas vu les grenouilles. Il se penche pour observer sous les coussins du canapé. Personne ne fait le ménage là-dessous et c'est DÉGOÛTANT.

De vieux chewing-gums de Lana côtoient les tétines de Lily, un crayon au bout rongé et une télécommande toute poussiéreuse.

– Beurk, grimace le proviseur.

Il se redresse pour regarder autour de lui. Une grenouille est justement en train d'escalader la fenêtre, mais Lana tire aussitôt les rideaux !

– Euh… je ne veux pas que le soleil vous abîme les yeux, monsieur, se justifie-t-elle.

M. Huggins n'a pas l'air convaincu, mais il n'a pas le temps de s'énerver : un bruit de verre brisé résonne dans la cuisine !

– Qu'est-ce que c'est ? s'étonne-t-il.

Inspection en cours

Lincoln et Lana se précipitent dans la pièce avant lui. En quelques secondes, ils ramassent les grenouilles qui traînaient sur le sol et les jettent dans le frigo. Lorsque M. Huggins rentre dans la cuisine, il ne reste plus qu'un batracien par terre – et Lana le met précipitamment dans sa bouche !

– Vous avez l'air un peu nerveux, remarque le proviseur, qui n'a toujours rien vu.

– Pas du tout ! parvient à articuler Lana.

Une mouche passe devant sa bouche et la grenouille l'attrape en passant sa langue par le trou des dents de la jeune fille…

– J'ai besoin de protéines, bredouille-t-elle devant le regard accusateur de M. Huggins.

Le proviseur a compris que quelque chose se tramait. Il est déterminé à trouver les grenouilles, et il commence une inspection en règle de la cuisine. Il ouvre les placards, le four, le micro-ondes, puis se rapproche du frigo.

Danger !

Pour distraire son attention, Lincoln s'empare d'un tuyau d'arrosage et projette des trombes d'eau sur la tête de M. Huggins. Le proviseur se retourne, fou de rage.

– Désolé, monsieur, vous aviez un truc sur le visage, s'excuse Lincoln. Attendez, je vais vous essuyer.

Pendant qu'il frotte le nez de M. Huggins avec un torchon, Lana en profite pour recracher discrètement sa grenouille et la lancer au plafond, où elle reste collée par les pattes. Ouf ! La jeune fille commençait à avoir du mal à respirer…

– Ça suffit ! s'énerve le proviseur.

On lui a arraché sa veste, on l'a poussé dans tous les sens, on lui a jeté

de l'eau au visage… Il commence à en avoir assez. Il se tourne de nouveau vers le frigo : plus rien ne pourra l'empêcher de l'ouvrir et de découvrir les pauvres grenouilles entassées au fond.

Mais soudain, un bruit sourd résonne au plafond, comme si quelque chose venait de tomber dans l'une des chambres. M. Huggins plisse les yeux, méfiant :

– Je vais aller vérifier à l'étage…

Lana et Lincoln ont réussi à éviter le désastre dans la cuisine, mais ils n'ont pas eu le temps de s'occuper des chambres. Inquiets, ils suivent le proviseur qui monte l'escalier à grandes enjambées, puis s'arrête sur le palier.

Une mouche se pose sur son oreille et une grenouille accrochée au mur l'attrape d'un grand coup de langue.

– Aïe ! s'écrie le proviseur.

Lincoln est pris de court et ne trouve pas de mensonge convaincant :

– Je vous ai mis un doigt dans l'oreille, improvise-t-il en tendant son index. Je veux juste, euh, détendre l'atmosphère.

Ce n'est pas une super excuse, mais M. Huggins a tellement l'habitude des bizarreries de Lincoln qu'il ne s'énerve même pas. Concentré sur sa mission, il s'arrête devant une porte close, juste en face de l'escalier.

– À qui est cette chambre ? demande-t-il.

– C'est celle de Lynn et Lucy, explique Lincoln. Mais je ne rentrerais pas, à votre place. Lucy est parfois un peu effrayante.

– Si tu crois que j'ai peur d'une petite…, commence le proviseur en ouvrant la porte.

Aussitôt, une nuée de chauves-souris s'enfuit de la pièce en lui frôlant le visage. Il y en a des dizaines ! Lucy a toujours eu des goûts très gothiques,

et la moitié de la chambre ressemble à une crypte, avec des portraits de vampires et de cercueils.

– Pas de grenouilles en vue, parvient à bredouiller M. Huggins.

Il se recoiffe d'une main tremblante, et retrouve son calme habituel. Cette mission d'observation est plus compliquée que prévu, mais il ira au bout, foi de Huggins !

– Et cette chambre ? interroge-t-il en s'approchant d'une nouvelle porte.

– C'est celle de Lori et Leni, répond Lincoln. Je ne rentrerais pas, à votre place, elles ont un système de sécurité infaillible.

En effet, ce sont ses deux sœurs aînées et elles tiennent beaucoup à leur intimité. Lincoln a déjà souffert plusieurs fois en essayant de s'introduire dans leur chambre. Vous vous souvenez du jour où il a cherché à effacer un message sur le téléphone de Lori ?

– Je vais tenter le couuuuuuuuup, déclare M. Huggins en posant la main sur la poignée de la porte.

Il vient de se faire électrocuter ! Les filles ont installé un piège électrique… c'est encore pire que ce que Lincoln imaginait.

Sous le choc, les cheveux du proviseur se dressent et on peut voir son squelette aux rayons X ! Mais sa volonté est à toute épreuve, et cela ne suffit pas à le faire abandonner. Il époussette ses vêtements et essaie de reprendre contenance.

– Bien, je ne vois pas de grenouille à l'étage, admet-il. Il faut que j'utilise vos toilettes.

Il avance vers la salle de bains mais Lana lui coupe la route et se précipite à l'intérieur. Elle vérifie rapidement qu'aucune grenouille ne s'est cachée dans la baignoire.

– En général, je n'ai pas besoin d'aide, proteste M. Huggins.

– Oh oui, bien sûr, marmonne Lana. Je voulais juste, euh... vérifier les toilettes, pour être bien sûre que je n'ai rien oublié là-dedans !

Elle se penche au-dessus de la cuvette et aperçoit soudain une grenouille en train de nager tout au fond. Elle l'attrape d'une main et la glisse dans sa salopette, tandis que le proviseur se cache le visage, écœuré. Il ne veut même pas penser à ce que Lana vient de ramasser. Il est vraiment tombé dans une maison de fous !

– Vous pouvez y aller, dit-elle poliment avant de quitter la salle de bains.

Les deux enfants profitent de cette pause pour courir au rez-de-chaussée vérifier qu'il n'y a plus de grenouilles.

– Haaa ! s'écrie Lincoln, affolé.

En fait, il en reste plein dans le salon, sur le canapé, sur la télévision et même dans la cheminée ! Le garçon se dépêche d'en cacher certaines sous un coussin tandis que Lana bouge un fauteuil pour dissimuler celles qui se tenaient dans le foyer. Vite, ils n'ont que quelques secondes avant le retour de M. Huggins !

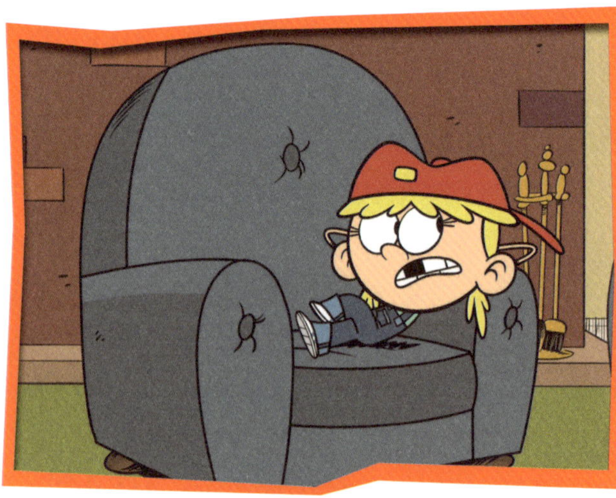

Justement, le voilà qui descend l'escalier.

– Bien, il semblerait qu'il n'y ait pas de grenouilles ici, admet-il. Je vais donc vous laisser.

Ouf ! Après tous ces efforts, les deux enfants ont gagné. Le proviseur n'a pas vu la moindre grenouille.

– Bonne chance, monsieur, déclare Lincoln, soulagé. Et ne baissez pas les bras !

– Je vous donne votre veste, propose Lana.

Elle se tourne vers l'endroit où Lincoln a jeté le haut de costume… mais il a disparu. À la place, il n'y a qu'une petite flaque d'eau sale !

– Oh, oh…, gémit Lana.

La veste a bougé jusqu'au pied du canapé. Il y a forcément des grenouilles dessous !

– Je vais la ramasser moi-même, annonce M. Huggins.

Il la soulève, et les deux enfants se cachent le visage, certains qu'il va tout découvrir…

La forteresse des grenouilles

Le proviseur ne pousse aucun cri d'horreur. Lincoln écarte les doigts pour mieux voir ce qui se passe. Il n'y avait plus la moindre grenouille sous la veste ! M. Huggins l'enfile sans avoir remarqué quoi que ce soit. C'est un miracle ! Les enfants n'en reviennent pas de leur chance.

– Qu'est-ce qui ne va pas avec vous deux ? s'étonne le proviseur en voyant la tête affolée de Lincoln et sa sœur.

– Oh, rien, rentrez bien, parvient à articuler Lana.

M. Huggins se dirige vers la porte. Dans quelques secondes, il va se retrouver dehors et le secret de Lincoln et Lana sera sauf. Décidément, c'était plus compliqué qu'ils ne l'avaient imaginé.

Au moment où il s'apprête à sortir, le proviseur se fige. Il a senti quelque chose lui remonter le long du dos, puis sur le ventre, et enfin sur les bras.

– Qu'est-ce que..., s'inquiète-t-il.

Il ouvre sa veste, qui est REMPLIE DE GRENOUILLES ! Il en a au moins dix sur le corps !

– Aaah ! hurle-t-il en agitant les bras et en projetant les batraciens dans tous les sens.

Il tombe en arrière, le souffle coupé, puis son regard se fait accusateur.

– C'est toi, Lincoln. C'est toi qui as volé les grenouilles de Mme Johnson !

Lana et Lincoln se regardent, à la recherche d'un dernier subterfuge, mais c'est trop tard. Ils sont pris sur le fait…

Une à une, les grenouilles sont capturées et retournent dans le vivarium. Les enfants ont échoué, et elles vont se faire disséquer, comme prévu.

– Désolée, les grenouilles, souffle Lana. On vous a déçues.

– Si seulement M. Huggins vous voyait comme on vous voit, nous, ajoute Lincoln.

Comme en réponse, Sauteur attrape d'un coup de langue la caméra de Lana. Bien sûr ! Grâce au film réalisé par la petite fille, les adultes aussi comprendront à quel point les grenouilles sont formidables.

– Petite chose verte pleine de verrues, tu es un génie ! s'écrie Lincoln. Tope là, mon pote !

Il tend le poing, et Sauteur lui donne un coup de langue.

De retour à l'école, Lincoln et sa sœur se dépêchent de montrer la caméra

au proviseur. Comme prévu, après avoir regardé l'histoire de Lana et de Sauteur, il a des larmes plein les yeux.

– C'est vraiment la plus belle chose que j'aie jamais vue, admet-il.

À côté de lui, Mme Johnson est en pleurs, elle aussi.

– Redonnez-moi la caméra, monsieur, je voudrais revoir le film, renifle-t-elle.

– Vous voyez, explique Lincoln, les grenouilles sont plus chaleureuses qu'elles en ont l'air.

– Il est hors de question que nous les disséquions, admet le proviseur. Mais qu'est-ce qu'on va faire avec toutes ces grenouilles ?

– C'est une très bonne question, répond Lincoln avec un grand sourire.

Finalement, le vivarium était bien trop petit. L'école a acheté un bocal plus grand, avec tout le confort ! Les grenouilles peuvent se prélasser sur des rochers, près d'une petite cascade. Elles ont l'air ravies de leur nouvelle maison.

– On l'a appelé « la forteresse des grenouilles » ! explique Lana à la classe.

Les autres élèves ouvrent de grands yeux admiratifs.

– Waouh ! s'écrie l'un d'eux.

– Je n'en ai jamais vu autant ! ajoute un autre.

– Elles sont trop mignonnes ! souffle un troisième.

– Et elles font quoi, ces deux grenouilles, là ? demande un quatrième élève, curieux.

– Euuuuuh, répond Mme Johnson en cachant le spectacle avec une carte des États-Unis. Vous pouvez sortir !

Tout est bien qui finit bien.

Enfin, pas exactement. Lincoln est tout de même entré par effraction dans une salle de classe, et il a menti au proviseur…

– Je suis désolée que M. Huggins t'ait mis une heure de colle, gémit Lana en rentrant à la maison.

– Ne t'inquiète pas, répond son frère. Tout ce qui compte, c'est que ces grenouilles soient en sécurité et que tout soit rentré dans l'ordre.

Ils passent devant un restaurant et s'arrêtent net. Un panneau leur montre un canard dessiné à la broche !

– Au menu, ce soir : *enchiladas* au canard rôti ? s'écrient les deux enfants d'une même voix.

Ils n'ont même pas besoin de se regarder : ils savent déjà ce que l'autre pense. Opération sauvetage lancée ! Lincoln et Lana se mettent à courir dans les rues, chargés de caisses remplies de canards…

Tous les enfants de la famille Loud sont différents, mais ils ont en commun d'avoir très bon cœur (oui, même Lori… et parfois Lola !). Lincoln ne pouvait pas rester sans rien faire devant la souffrance de sa sœur, et il a même récolté une punition pour sauver les grenouilles.

Espérons que ça se passera aussi bien avec les canards… mais ça, c'est une autre histoire !

FIN

nickelodeon
BIENVENUE CHEZ LES LOUD
INTEGRALE DE LA SAISON 1 DISPONIBLE
4 DVD
26 EPISODES
POUR PLUS DE 10H DE RIRES EN FAMILLE !
N'ATTENDS PLUS ET
RETROUVE TA SERIE PREFEREE EN DVD !
L'AMOUR VACHE
LA CHASSE AU TRESOR
LES SOEURS A LA RESCOUSSE
TEMPETE A LA MAISON
2H20 DE RIRES EN FAMILLE
CHOISI PAR gulli
© 2018 Viacom International Inc. Tous droits réservés.
Retrouve tous nos titres sur www.citel-video.com
Retrouve ta série sur nickelodeon
@citel.video
citel.video
Citel VIDEO

As-tu lu les autres aventures de Lincoln ?

Tome 1

Tome 2

Tome 3

Tome 4

Tome 5

Tome 6

Tome 7

Tome 8

Tome 9

Tome 10

Tome 11

Tome 12

Tome 13

Tome 14

Tous tes héros sont sur
www.bibliotheque-rose.com

Tu as aimé cette histoire ?
Retrouve la famille Loud
dans le prochain tome !

Table

hachette s'engage pour l'environnement en réduisant l'empreinte carbone de ses livres. Celle de cet exemplaire est de :
400 g éq. CO_2
Rendez-vous sur www.hachette-durable.fr

PAPIER À BASE DE FIBRES CERTIFIÉES

Photogravure Nord Compo - Villeneuve-d'Ascq

Imprimé en Roumanie par G. Canale & C. S.A.
Dépôt légal : décembre 2019
Achevé d'imprimer : novembre 2019
78.9051.7/01 – ISBN 978-2-01-711097-2
Loi n° 49956 du 16 juillet 1949
sur les publications destinées à la jeunesse